四川省地方标准

钢管混凝土桥梁焊接节点疲劳技术规程

DB 51/T 2515—2018

Fatigue Technical Code for Welding Joints of
Concrete-filled Steel Tube Bridges

主编单位：四川省交通运输厅公路规划
　　　　　勘察设计研究院　等
批准部门：四川省质量技术监督局
实施日期：2018 年 08 月 01 日

人民交通出版社股份有限公司

图书在版编目(CIP)数据

钢管混凝土桥梁焊接节点疲劳技术规程／四川省交通运输厅公路规划勘察设计研究院等主编. —北京：人民交通出版社股份有限公司, 2018.7
ISBN 978-7-114-14880-4

Ⅰ.①钢… Ⅱ.①四… Ⅲ.①钢管混凝土桥—金属结构—焊接—节点—疲劳强度—技术规范 Ⅳ.①U448.36-65

中国版本图书馆 CIP 数据核字(2018)第 158681 号

书　　名：	钢管混凝土桥梁焊接节点疲劳技术规程
著 作 者：	四川省交通运输厅公路规划勘察设计研究院　等
责任编辑：	黎小东
责任校对：	刘　芹
责任印制：	张　凯
出版发行：	人民交通出版社股份有限公司
地　　址：	(100011)北京市朝阳区安定门外外馆斜街 3 号
网　　址：	http://www.ccpress.com.cn
销售电话：	(010)59757973
总 经 销：	人民交通出版社股份有限公司发行部
经　　销：	各地新华书店
印　　刷：	北京市密东印刷有限公司
开　　本：	880×1230　1/32
印　　张：	2
字　　数：	35 千
版　　次：	2018 年 8 月　第 1 版
印　　次：	2018 年 8 月　第 1 次印刷
书　　号：	ISBN 978-7-114-14880-4
定　　价：	35.00 元

(有印刷、装订质量问题的图书,由本公司负责调换)

前　言

本标准按照 GB/T 1.1—2009 给出的规则起草。

本标准由四川省交通运输厅提出归口。

本标准由四川省质量技术监督局批准。

本标准主要起草单位：四川省交通运输厅公路规划勘察设计研究院、四川交通职业技术学院、武船重型工程股份有限公司、四川路桥桥梁工程有限责任公司。

本标准主要起草人：牟廷敏、范碧琨、康玲、赵艺程、孙才志、李胜、薛清、宋瑞年、李成君、何源、苏俊臣、何娇阳、詹文、李畅、狄秉臻、陈功。

目 次

1 范围 ··· 1
2 规范性引用文件 ·· 2
3 总则 ··· 4
4 术语与符号 ··· 7
  4.1 术语 ·· 7
  4.2 符号 ·· 10
5 材料 ··· 13
  5.1 钢材 ·· 13
  5.2 连接材料 ·· 14
  5.3 混凝土 ··· 15
  5.4 钢管混凝土 ··· 15
6 连接类别与疲劳强度 ··································· 17
  6.1 一般规定 ·· 17
  6.2 结构疲劳连接类别 ································ 18
  6.3 疲劳设计 $S\text{-}N$ 曲线 ································ 19
  6.4 基本容许应力幅 ··································· 24
  6.5 K形、T形节点参数修正系数 ··················· 25
  6.6 其他修正系数 ······································ 26

7 荷载及疲劳应力幅 ·· 29

8 疲劳强度验算 ·· 32

9 构造与工艺 ·· 36

  9.1 一般规定 ·· 36

  9.2 焊接工艺 ·· 37

  9.3 焊缝检查 ·· 41

10 维护管理 ·· 43

附录 A 疲劳荷载或疲劳标准车 ································ 46

附录 B 钢管或钢管混凝土 K 形、T 形节点

         热点应力法强度验算 ···································· 48

本规程用词用语说明 ·· 57

1 范 围

本规程规定了钢管混凝土桥梁焊接节点和接头的术语与符号、材料、连接类别与疲劳强度、荷载及疲劳应力幅、疲劳强度验算、构造与工艺、维护管理等内容。

本规程适用于圆形钢管混凝土桁式结构桥梁焊接节点和接头的疲劳设计。

2 规范性引用文件

下列文件对于本文件的应用是必不可少的。凡是注日期的引用文件,仅注日期的版本适用于本文件。凡是不注日期的引用文件,其最新版本(包括所有的修改单)适用于本文件。

GB 50017	钢结构设计规范
GB 50661	钢结构焊接规范
GB/T 700	碳素结构钢
GB/T 714	桥梁用结构钢
GB/T 1591	低合金高强度结构钢
GB/T 5313	厚度方向性能钢板
GB/T 3323	金属熔化焊焊接接头射线照相
GB/T 11345	钢焊缝手工超声波探伤方法和探伤结果分级
GB/T 26951	无损检测焊缝磁粉检测
JTG B01	公路工程技术标准
JTG D60	公路桥涵设计通用规范
JTG D64	公路钢结构桥梁设计规范
JTG/T D65-06	公路钢管混凝土拱桥设计规范

JTG/T F50	公路桥涵施工技术规范
TB 10091	铁路桥梁钢结构设计规范
DB 51/T 2513—2018	钢管混凝土梁桥技术规程
DB 51/T 2425	钢管混凝土桥梁检验评定规程
DB 51/T 1995	机制砂桥梁高性能混凝土技术规程
SCG F51—2015	桥梁高性能混凝土制备与应用技术指南
Q/CR 9211	铁路钢桥制造规范

3 总　则

3.0.1 为规范钢管混凝土桥梁焊接节点和接头的疲劳设计,确保设计质量,使其满足安全可靠、适用耐久、经济合理、技术先进的要求,制定本规程。

3.0.2 本规程适用于圆形钢管混凝土桁式结构桥梁受拉焊接节点和接头的疲劳设计。受拉焊接节点类型包括钢管-钢管、钢管混凝土-钢管、钢管混凝土-钢管混凝土的 K 形或 T 形连接;受拉焊接接头包括钢管-钢管、钢管混凝土-钢管混凝土的对接焊接头。

3.0.3 钢管混凝土桁式桥梁采用的钢材质量等级应与大气极端温度环境匹配,钢结构表面应采取长效的防腐措施。

条文说明

当钢材质量等级对应的冲击功不满足环境温度要求时,低温会导致钢材脆性增加而降低材料的疲劳强度,特别是 K 形、T 形节点与对接接头容易发生疲劳破坏。因此,采用的最低钢材质量等级应与桥梁所处的大气极端温度环境相匹配。

3.0.4 桥梁疲劳设计时,应充分考虑桥梁运营中通行车辆的组成情况、重车数量增长趋势和通行位置等因素,准确确定标准疲劳荷载模型,合理评估桥梁构件焊接节点和接头的疲劳寿命。

3.0.5 钢管混凝土桁式桥梁设计寿命中,钢管的最大或最小名义应力不宜超过 $0.45f_y$。

条文说明

控制名义应力,其主要目的是控制焊接接头焊缝初始缺陷导致的低周疲劳破坏。当设计疲劳应力幅大于 35MPa 时,主管材质选用 Q345 等级以上的钢材,能提高焊接节点疲劳寿命。名义应力符号规定以拉应力为正,压应力为负。

3.0.6 钢管或钢管混凝土 K 形、T 形节点和对接接头的受拉构件,应对连接焊缝主管侧的焊接热影响区进行修磨。修磨完成 2h 后,应对修磨区域采用渗透法和磁粉法进行检测。

条文说明

本规程适用于焊缝热影响区外观经过修磨的钢管及钢管混凝土相贯节点和对接接头的疲劳寿命评估。

3.0.7 钢管混凝土桥梁中的钢结构疲劳构造细节应满足完整性设计的要求。

条文说明

近年来，美国、韩国及中国等国家的一些钢结构桥梁，因制造或服役期内形成的局部缺陷，在恶劣环境和疲劳荷载反复作用下迅速扩展，形成疲劳损伤，导致桥梁服役期缩短，甚至垮塌造成重大的人员伤亡和财产损失。由于钢管相贯连接的焊接工作难度大，质量难以控制，在焊接节点和接头处容易形成局部缺陷，导致钢管混凝土桥梁疲劳寿命降低。因此，管结构桥梁设计、制造和安装等过程中，应满足钢结构疲劳细节的完整性设计要求。

3.0.8 本规程未涉及钢管及钢管混凝土构件疲劳极限状态以外的安全性验算。

条文说明

钢管及钢管混凝土等构件的强度、刚度和稳定性验算，本规程未涉及，应按现行相关规范执行。

3.0.9 本规程未涉及的其他钢结构疲劳设计事宜，应根据相关规程执行。

条文说明

非K形、T形钢管或钢管混凝土桁式节点、非桁式钢管混凝土及其他钢结构连接构造，本规程未作规定，应执行现行相关规范。

4 术语与符号

4.1 术 语

4.1.1 疲劳损伤

在循环荷载作用下,桥梁结构构件及接头内部产生疲劳裂纹以及疲劳裂纹扩展所导致的损伤。

4.1.2 疲劳极限状态

由于疲劳损伤,造成整体结构或结构的一部分超过疲劳设计要求的特定状态。

4.1.3 疲劳寿命

损伤部位达到疲劳极限状态时的应力幅循环作用次数。

4.1.4 名义应力

基于梁及框架理论,不考虑局部几何不连续性,计算得到的截面应力。

4.1.5 热点应力

疲劳损伤起源部位处的局部应力,不包括因焊缝形状引起的应力集中。

4.1.6 名义应力幅

名义应力最大值和最小值的代数差。

4.1.7 等效应力幅

与变幅应力幅具有相同应力循环次数和疲劳损伤程度的恒幅应力幅。

4.1.8 疲劳设计 S-N 曲线

名义应力幅与疲劳寿命之间的函数关系曲线。

4.1.9 恒幅疲劳极限

低于此值的恒幅应力幅在桥梁的设计寿命周期内,不会产生疲劳损伤的应力幅下限。

4.1.10 截止应力幅

低于此值的应力幅不计入疲劳寿命的计算。

4.1.11 基准疲劳强度

按节点构造分类后,由疲劳设计 S-N 曲线算出,与疲劳寿命 $N=200$ 万次相对应的容许应力幅。

4.1.12 容许应力幅

计入节点或接头参数、主管直径、主管拉压、脱空等因素对基本容许应力幅的影响,进行修正后得到的容许应力幅。

4.1.13 疲劳设计荷载

能够充分代表施加荷载的大小、频率和加载位置的荷载模型。

4.1.14 设计循环次数

设计寿命中在截止应力幅以上等效应力幅的总循环次数。

4.1.15 设计应力幅

在疲劳设计荷载作用下,计算得到的等效应力幅。

4.1.16 疲劳安全系数

在疲劳验算中用以修正安全性能级别的系数,由冗余度系数、重要性系数、检查系数构成。

4.1.17 冗余度系数 γ_b

揭示钢管或钢管混凝土节点或接头发生疲劳损伤时,对桥梁结构整体强度或功能造成影响的系数。

4.1.18 重要性系数 γ_w

对不同安全等级的结构,为使其具有规定的可靠度而采用的分项系数。

4.1.19 检查系数 γ_i

桥梁结构投入使用期间,定期检查中桥梁结构达到疲劳极限前发生疲劳损伤可检查的系数。

4.2 符　号

4.2.1 材料性能有关符号

f_{sd}——钢管的抗拉、抗压和抗弯强度设计值;

f_y——钢管的屈服强度设计值;

f_{vd}——钢管的抗剪强度设计值。

4.2.2 几何参数有关符号

D——主管直径;

d——支管直径;

T——主管壁厚;

t——支管壁厚;

g——相贯焊缝间的净距;

e——K 形节点两支管轴线的交点与主管轴线的偏心距;

θ——K 形节点主管与支管轴线间的夹角;

φ——K 形、T 形节点两支管轴线间的横向夹角。

4.2.3 作用效应和抗力有关符号

S——名义应力幅;

$\Delta\sigma_e$——等效应力幅;

$\Delta\sigma_i$——应力幅频率分布的一个应力幅分量;

$\Delta\sigma_{max}$——设计寿命中计算的最大应力幅;

$\Delta\sigma_{ce}$——恒幅疲劳的容许应力幅;

$\Delta\sigma_R$——基于等效应力幅进行疲劳验算时采用的容许应力幅;

$\Delta\sigma_d$——设计应力幅。

4.2.4 计算系数及其他有关符号

m——表示疲劳设计曲线斜率的常数;

μ_τ——壁厚比修正系数;

μ_β——直径比修正系数;

μ_γ——主管径厚比修正系数；

μ_c——混凝土强度等级修正系数；

τ——支管壁厚与主管壁厚的比；

β——支管直径与主管直径的比；

C_R——计入名义应力的影响对基本容许应力幅进行修正的系数；

C_t——计入板厚的影响对基本容许应力幅进行修正的系数；

C_h——基本容许疲劳应力幅的脱空修正系数；

C_l——基本容许疲劳应力幅的受拉修正系数；

γ_b——冗余度系数；

γ_w——重要性系数；

γ_i——检查系数；

C_0——疲劳强度 S-N 曲线常数；

D_d——线性疲劳累积损伤准则中规定的损伤度或累积损伤度；

n_t——设计循环次数；

n_i——应力幅频率分布中 $\Delta\sigma_i$ 的循环次数；

N_i——疲劳设计 S-N 曲线上，经过修正后 $\Delta\sigma_i$ 对应的疲劳寿命；

N——疲劳寿命（达到疲劳极限状态前的应力总循环次数）。

5 材 料

5.1 钢 材

5.1.1 钢管混凝土构件中的最低钢材质量等级应与桥梁环境温度相匹配,其匹配关系宜满足表5.1.1的要求。

表5.1.1 桥梁环境温度与最低钢材质量等级的匹配关系

桥梁环境温度(℃)	≥0	0～-20	-20～-40	<-40
最低钢材质量等级	C	C、D	D、E	F

5.1.2 钢管的材料质量应符合《碳素结构钢》(GB/T 700)、《低合金高强度结构钢》(GB/T 1591)和《桥梁用结构钢》(GB/T 714)的规定。

5.1.3 当钢管混凝土桁式结构的主管壁厚大于16mm时,卷制钢管所采用的钢板应符合《厚度方向性能钢板》(GB/T 5313)的规定。

条文说明

钢管混凝土梁桥的桁式主梁、桁式桥墩(塔)、横撑的主管,当壁厚超过16mm时,受卷制制造和支管拉力的作用,钢板轧制方向的缺陷将放大,成为早期疲劳损伤的起源点,因此,应防止主管出现层状撕裂。

5.1.4 钢管的强度设计值应按表5.1.4采用。

表5.1.4 钢管的强度值(MPa)

钢 材		强度设计值		屈服强度
牌号	厚度(mm)	抗拉、抗压和抗弯 f_{sd}	抗剪 f_{vd}	f_y
Q235	≤16	215	125	235
	16~40	205	120	225
Q345	≤16	310	180	345
	16~35	295	170	325
Q390	≤16	350	205	390
	16~35	335	190	370
Q420q	≤16	380	220	420
	16~35	360	210	400

5.2 连接材料

5.2.1 焊接材料应与结构钢材的强度等级相匹配。当两种不同强度等级的钢材焊接时,宜采用与强度等级较低钢材相适应的焊接材料。

5.2.2 焊接接头的屈服强度、冲击功、延伸率不应低于母材的标准值。

5.3 混 凝 土

5.3.1 钢管内灌注的混凝土应采用自密实补偿收缩混凝土,钢管混凝土内的球冠型脱空率不应大于0.6%,且脱空高度不应大于5mm。

5.3.2 受压钢管内宜灌注较高强度等级的混凝土,受拉钢管内宜灌注普通强度等级的混凝土。

5.4 钢管混凝土

5.4.1 受压钢管混凝土构件的钢管径厚比(D/T)不宜大于90,其中卷制焊接钢管径厚比(D/T)不宜小于40;钢管壁厚不宜小于10mm,且支管壁厚不应大于主管壁厚。

5.4.2 受压钢管构件的钢管径厚比(D/T)不宜大于40,钢管壁厚不宜小于8mm,且支管壁厚不应大于主管壁厚。

条文说明

钢管混凝土桁式结构的受压钢管支管,因局部稳定性需要,应控制其径厚比。

5.4.3 受拉钢管混凝土构件的钢管径厚比(D/T)不宜大于60,其中卷制焊接钢管径厚比(D/T)不宜小于40,钢管壁厚不宜小于12mm。

5.4.4 受拉钢管构件的钢管壁厚不宜小于8mm,支管壁厚不应大于主管壁厚,且不宜采用对接焊缝接长。

条文说明

由于钢管混凝土桁式结构的支管或横撑钢管长度较短、直径较小,设置内衬垫困难,对接焊缝质量难以保证,因此,应避免采用对接焊缝接长。

6 连接类别与疲劳强度

6.1 一般规定

6.1.1 钢管桁式节点类型应包括 K 形、T 形节点,节点形式如图 6.1.1 所示。

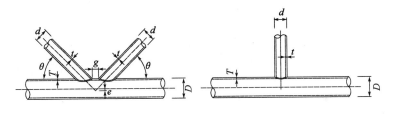

图 6.1.1 K 形和 T 形钢管节点

6.1.2 钢管混凝土桁式节点类型应包括 K 形、T 形节点,节点形式如图 6.1.2 所示。

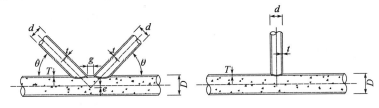

图 6.1.2 K 形和 T 形钢管混凝土节点

6.1.3 为保证钢管及钢管混凝土桁式K形、T形节点和钢管混凝土对接接头的疲劳寿命,应控制节点名义应力幅大小、提高焊接接头内部质量和外观成形质量。不应在应力幅较高的部位进行焊缝的起弧与熄弧作业。

6.1.4 钢管及钢管混凝土桁式节点的名义应力应计入弯矩的影响。当节点偏心率超过本规程规定值时,还应计入二次弯矩产生的应力。

条文说明

钢管混凝土桁式节点,支管长细比较小,节点刚度大,弯矩产生的应力较高。已有工程实践和模型试验表明,相贯线焊缝趾部区应力水平高,是疲劳裂纹的起裂点。因此,应按刚性节点计算并考虑偏心影响。

6.2 结构疲劳连接类别

6.2.1 钢管及钢管混凝土节点和对接接头疲劳连接分类按表6.2.1采用。

条文说明

钢管及钢管混凝土节点和钢管混凝土接头以结构细部的差异为基础,分为不同的详细类别。该分类中计入了被分类接头内部焊接形状导致的局部应力集中、接头本身存在的缺陷、应力方向、金属组织以及残余应力、焊接加工等的影响。

表 6.2.1 节点和接头的连接分类详细类别

详细类别	节点形式	t/T	d/D	基准疲劳强度(MPa)	加工质量要求
A	K形钢管节点	0.5	0.5	90	采用相贯线切割机开制相贯线坡口,采用全熔透焊接,焊趾处须焊后修磨为圆滑过渡,超声波探伤B级检验Ⅰ级合格
B	T形钢管节点	0.5	0.5	65	
C	K形钢管混凝土节点	0.5	0.5	110	
D	T形钢管混凝土节点	0.5	0.5	80	
E	钢管混凝土对接接头	—	—	65	环焊缝单面全熔透对接接头,内设钢衬环,焊后须修磨为圆滑过渡,超声波探伤B级检验Ⅰ级合格

6.2.2 其他钢管及钢管混凝土节点或接头类型,可根据与表6.2.1中相近似的类别、疲劳模型试验、相应的规范与指南进行评估和取用。

6.3 疲劳设计 S-N 曲线

6.3.1 钢管及钢管混凝土 K 形、T 形节点以及钢管混凝土对接接头的 S-N 曲线斜率应取 $m=5$。

条文说明

根据 20 年来约 30 组钢管节点、钢管混凝土管节点的疲劳模型试验，通过对模型试验节点参数、疲劳循环次数、疲劳应力幅等数据处理和可靠度分析，结合国际同领域相关技术成果，采用数学与物理模型进行分析。分析结果表明，钢管及钢管混凝土 K 形、T 形节点以及钢管混凝土对接接头的 S-N 曲线斜率取 $m=5$ 时，数据离散性最小，拟合程度最高，且计算的钢管及钢管混凝土节点连接疲劳寿命偏于安全。

6.3.2 钢管节点 S-N 曲线

1 K 形钢管节点的 S-N 曲线宜按图 6.3.2-1 采用。

2 T 形钢管节点的 S-N 曲线宜按图 6.3.2-2 采用。

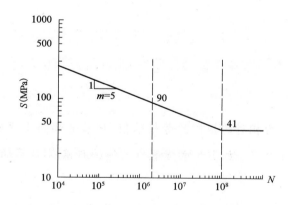

图 6.3.2-1 K 形钢管节点的 S-N 曲线

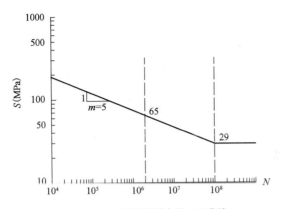

图 6.3.2-2 T形钢管节点的 S-N 曲线

条文说明

根据20年来近10组钢管节点的疲劳模型试验,通过对模型试验节点参数、疲劳循环次数、疲劳应力幅等数据处理和可靠度分析,结合国际同领域相关技术成果,采用数学与物理模型进行分析验证。结果表明,我国钢管材质、焊接工艺、检测方法、焊缝评定标准符合国际制定的 S-N 曲线,其数据离散性最小,拟合程度最高。计算的钢管K形、T形节点的疲劳寿命具有合理的安全储备。

恒幅应力相对的恒幅疲劳极限值,如果全部高于变幅应力相对的应力幅分量,该应力幅分量为无须进行疲劳验算的临界值。任一个变幅应力相对的应力幅分量,如果超过恒幅应力相对的恒幅疲劳极限值,则采用变幅应力相对的应力幅疲劳极限值,作为不造成疲劳损伤的应力幅临界值。

6.3.3 钢管混凝土节点 S-N 曲线

1 K形钢管混凝土节点的 S-N 曲线宜按图6.3.3-1采用。

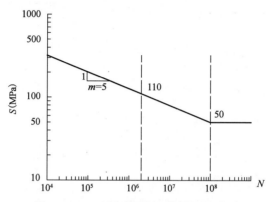

图6.3.3-1 K形钢管混凝土节点的 S-N 曲线

2 T形钢管混凝土节点的 S-N 曲线宜按图6.3.3-2采用。

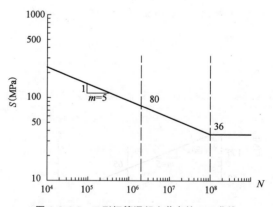

图6.3.3-2 T形钢管混凝土节点的 S-N 曲线

条文说明

根据20年来近20组钢管混凝土K形、T形节点的疲劳模型试验,通过对模型试验节点参数、疲劳循环次数、疲劳应力幅等数据处理和可靠度分析,结合国际同领域相关技术成果,采用数学与物理模型分析,制定了不同 K 形、T 形节点参数的 S-N 曲线。试验数据和实桥验证数据分析表明,该曲线最大误差为 8%,标准差为 4.63。计算的钢管混凝土 K 形、T 形节点的疲劳寿命具有合理的安全储备。

恒幅应力相对的恒幅疲劳极限值,如果全部高于变幅应力相对的应力幅分量,该应力幅分量为无须进行疲劳验算的临界值。任一个变幅应力相对的应力幅分量,如果超过恒幅应力相对的恒幅疲劳极限值,则采用变幅应力相对的应力幅疲劳极限值,作为不造成疲劳损伤的应力幅临界值。

6.3.4 钢管混凝土对接接头 S-N 曲线宜按图 6.3.4 采用。

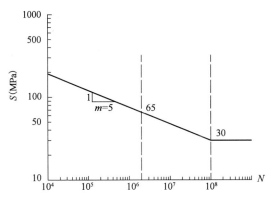

图 6.3.4 钢管混凝土对接接头的 S-N 曲线

条文说明

钢管内灌注混凝土对对接接头的疲劳性能有所提高,由于钢管混凝土对接接头管径较大、管壁厚度一般大于12mm,因此,在欧洲空心管结构焊接对接接头的基本容许疲劳应力幅的基础上,提高10%的安全储备,作为钢管混凝土对接的基本容许应力幅,并制定了 S-N 曲线。

恒幅应力相对的恒幅疲劳极限值,如果全部高于变幅应力相对的应力幅分量,该应力幅分量为无须进行疲劳验算的临界值。任一个变幅应力相对的应力幅分量,如果超过恒幅应力相对的恒幅疲劳极限值,则采用变幅应力相对的应力幅疲劳极限值,作为不造成疲劳损伤的应力幅临界值。

6.4 基本容许应力幅

6.4.1 钢管 K 形、T 形节点基本容许应力幅应按表 6.4.1 采用。

表 6.4.1 钢管 K 形、T 形节点基本容许应力幅

类别	基准疲劳强度(MPa) ($N=2\times10^6$)	恒幅疲劳极限(MPa) ($N=5\times10^6$)	截止极限(MPa) ($N=1\times10^8$)
A	90	75	41
B	65	50	29

6.4.2 钢管混凝土 K 形、T 形节点基本容许应力幅应按表 6.4.2 采用。

表 6.4.2 钢管混凝土 K 形、T 形节点基本容许应力幅

类别	基准疲劳强度(MPa) ($N = 2 \times 10^6$)	恒幅疲劳极限(MPa) ($N = 5 \times 10^6$)	截止极限(MPa) ($N = 1 \times 10^8$)
C	110	90	50
D	80	65	36

6.4.3 钢管混凝土对接接头的基本容许应力幅应按表 6.4.3 采用。

表 6.4.3 钢管混凝土对接接头基本容许应力幅

类别	基准疲劳强度(MPa) ($N = 2 \times 10^6$)	恒幅疲劳极限(MPa) ($N = 5 \times 10^6$)	截止极限(MPa) ($N = 1 \times 10^8$)
E	65	50	30

6.5 K 形、T 形节点参数修正系数

6.5.1 钢管节点参数的修正系数宜按下列要求取值：

1 壁厚比修正系数 $\mu_\tau = 1.5 - \tau$；
2 直径比修正系数 $\mu_\beta = 1.0$；
3 主管径厚比修正系数 $\mu_\gamma = 1.0$。

6.5.2 钢管混凝土节点参数及混凝土等级修正系数按下列要求取值:

1 壁厚比修正系数 $\mu_\tau = 1.5 - \tau$;

2 直径比修正系数 $\mu_\beta = 0.48 + 2.10\beta - 2.10\beta^2$;

3 主管径厚比修正系数 $\mu_\gamma = 1.0$;

4 混凝土强度等级修正系数 $\mu_c = 1.0$。

6.6 其他修正系数

6.6.1 钢管或钢管混凝土受拉支管 K 形、T 形节点或对接接头,当受拉主管或受拉支管的钢管名义应力超过 150MPa 时,取其基本容许疲劳应力幅修正系数 $C_R = 0.97$。

6.6.2 钢管壁厚 t 修正系数

1 钢管或钢管混凝土对接接头,当主管壁厚大于 25mm 时,应按式(6.6.2-1)对接头基本容许应力幅进行修正。

$$C_{tc} = \sqrt[4]{25/t_c} \qquad (6.6.2\text{-}1)$$

式中:t_c——钢管或钢管混凝土对接接头主管壁厚。

2 钢管或钢管混凝土 K 形、T 形节点,当支管壁厚大于 16mm

时,应按式(6.6.2-2)对节点基本容许应力幅进行修正。

$$C_{tb} = \sqrt[4]{16/t_b} \quad (6.6.2\text{-}2)$$

式中：t_b——钢管或钢管混凝土K形、T形节点支管壁厚。

    3 主管、支管壁厚修正系数应按式(6.6.2-3)取值。

$$C_t = \min[C_{tc}, C_{tb}] \quad (6.6.2\text{-}3)$$

条文说明

    钢管壁厚,对钢管或钢管混凝土节点与接头疲劳影响较大。试验研究表明,当支管壁厚超过16mm时,对节点的疲劳性能有显著影响,因此,提出了修正系数。

6.6.3 钢管混凝土K形、T形节点,当主管内混凝土球冠型脱空率小于或等于0.6%且脱空高度小于或等于5mm时,取其基本容许疲劳应力幅的脱空修正系数 $C_h = 0.95$。

条文说明

    脱空模型试验研究和有限元分析表明,当钢管混凝土的K形、T形节点主管内混凝土脱空小于规定值时,对疲劳性能有一定影响,因此,提出了修正系数。

6.6.4 钢管或钢管混凝土K形、T形节点,当主管为受拉构件时,取其基本容许疲劳应力幅的受拉修正系数 $C_l = 0.95$。

条文说明

　　模型验证试验和有限元模型分析表明，以 K 形、T 形节点的主管受压为基准，当主管受拉时，对节点的疲劳性能有一定影响，因此，提出了修正系数。

7 荷载及疲劳应力幅

7.0.1 疲劳设计荷载的取用应充分体现设计寿命中桥梁结构的性状和车辆组成的代表性。

条文说明

疲劳设计荷载应根据荷载大小、频率、位置、移动性等进行设定,可体现设计使用年限内作用于桥梁结构的移动荷载特征。

7.0.2 车辆疲劳荷载宜符合以下规定:

1 钢管混凝土拱桥主拱的疲劳荷载,宜采用《公路钢结构桥梁设计规范》(JTG D64)中疲劳荷载模型Ⅰ,按附录 A 执行。

2 跨度小于 50m 的钢管混凝土梁桥的疲劳荷载,宜采用《公路钢结构桥梁设计规范》(JTG D64)中疲劳荷载模型Ⅲ,按附录 A 执行。

3 跨度大于或等于 50m 的钢管混凝土梁桥的疲劳荷载,宜采用《公路钢结构桥梁设计规范》(JTG D64)中疲劳荷载模型Ⅱ,按附录 A 执行。

7.0.3 钢管及钢管混凝土 K 形、T 形节点或钢管混凝土接头疲劳验算时,应根据不同桥型计入车辆疲劳荷载冲击系数。车辆疲劳荷载冲击系数计算按照四川省地方标准《钢管混凝土梁桥技术规程》(DB 51/T 2513—2018)执行。当钢管混凝土简支梁桥跨径小于或等于40m时,主桁梁钢管混凝土相贯节点与对接接头的车辆疲劳荷载冲击系数不应小于1.20。

条文说明

钢管混凝土桥梁为轻质高强的轻型结构,其车辆荷载冲击响应度较高,结合依托工程测试数据和不同桥型不同结构部位的特点,按照四川省地方标准《钢管混凝土梁桥技术规程》(DB 51/T 2513—2018)执行。跨径小于或等于40m的简支梁桥,因疲劳荷载较高、桥面接头数量多,为安全需要,规定其疲劳荷载冲击系数不应小于1.20。

7.0.4 当钢管混凝土桥梁功能需求、使用环境或交通荷载组成特殊时,可采用实际统计的车辆荷载组成情况和频谱分布,综合分析后制定疲劳设计荷载模型。

条文说明

采用实际统计的车辆荷载频谱作为疲劳设计荷载模型时,等效应力幅$\Delta\sigma_e$按式(7.0.4)计算。

$$\Delta\sigma_e = \sqrt[m]{\sum \Delta\sigma_i^m n_i / \sum n_i} \qquad (7.0.4)$$

式中:$\Delta\sigma_e$——设计使用年限内,与变幅应力幅具有相同应力循环次数和疲劳损伤程度的恒幅应力幅；

$\Delta\sigma_i$——应力幅频率分布的一个应力幅分量；

m——表示疲劳设计曲线斜率的常数；

n_i——应力幅频率分布中 $\Delta\sigma_i$ 的循环次数。

8 疲劳强度验算

8.0.1 钢管或钢管混凝土节点或接头的疲劳强度验算,可采用连接分类法和疲劳强度曲线法。当采用热点应力法进行钢管或钢管混凝土K形、T形节点疲劳强度验算时,宜按附录B的要求执行。

8.0.2 相同钢材强度等级、同类构造参数的节点或接头呈连续分布时,应选择应力幅最大的节点或接头进行疲劳强度验算。

条文说明

应根据连接处钢材强度等级和连接构造参数,对节点或接头进行分类,选择同类节点或接头中应力幅最大的连接构造分别进行疲劳强度等级验算。

8.0.3 钢管及钢管混凝土连接构造的安全系数由冗余度系数、重要性系数、检查系数组成。其取值应符合下列规定:

1 冗余度系数 γ_b:当钢管或钢管混凝土连接部位发生疲劳损伤后,造成桥梁结构整体破坏时,取 $\gamma_b = 1.10$;造成桥梁结构强度或功能影响时,取 $\gamma_b = 1.00$;不会对桥梁结构物的强度或功能造成影响时,取 $\gamma_b = 0.80$。

2 重要性系数 γ_w：大桥或特大桥取 $\gamma_w = 1.10$；中、小桥梁取 $\gamma_w = 1.00$。

3 检查系数 γ_i：当钢管及钢管混凝土连接部位能定期进行维护管理时，取 $\gamma_i = 1.00$；无法实现定期检查时，取 $\gamma_i = 1.10$。

4 钢管及钢管混凝土连接部位的安全系数 ($\gamma_b \times \gamma_w \times \gamma_i$) 取值范围为 $0.80 \sim 1.25$。

条文说明

安全系数取值范围为冗余度系数、重要性系数、检查系数的乘积。

8.0.4 恒幅疲劳强度验算应满足式(8.0.4)的要求。

$$\gamma_b \gamma_w \gamma_i \Delta\sigma_{max} \leqslant \Delta\sigma_{ce} C_R C_t C_l C_h \quad (8.0.4)$$

式中：$\Delta\sigma_{max}$——设计寿命中计算的最大应力幅；

$\Delta\sigma_{ce}$——连接节点或接头的恒幅疲劳的容许应力幅。

8.0.5 变幅疲劳强度验算应满足下列要求：

1 变幅应力幅作用下的疲劳强度在采用疲劳设计曲线进行验算时，应遵循线性疲劳累积损伤准则。

2 基于等效应力幅进行疲劳验算时，容许应力幅 $\Delta\sigma_R$ 按式(8.0.5-1)计算。

$$\Delta\sigma_R = \sqrt[m]{C_0/n_t} \, C_R C_t C_l C_h \quad (8.0.5\text{-}1)$$

式中：$\Delta\sigma_R$——基于等效应力幅进行疲劳验算时采用的容许应力幅；

C_0——疲劳强度 S-N 曲线常数；

n_t——设计循环次数，不包括小于变幅应力相对的应力幅疲劳极限的应力循环次数。

条文说明

在变幅荷载中，大于恒幅疲劳极限的应力幅分量会对结构产生疲劳损伤，而小于恒幅疲劳极限的应力幅分量也会促进损伤进一步发展。因此，本规程偏于保守地采用保持 S-N 曲线斜率不变，而将疲劳极限降低至 1/3 恒幅疲劳极限，其中 C_0 保持不变，为原有 S-N 曲线的常数值。

3 变幅疲劳强度验算应满足式(8.0.5-2)的要求。

$$\gamma_b\gamma_w\gamma_i\Delta\sigma_d \leq \Delta\sigma_R \tag{8.0.5-2}$$

式中：$\Delta\sigma_d$——设计应力幅。

条文说明

当采用代表荷载单位作为疲劳设计荷载时，设计循环次数代表所有应力的循环次数；同时不能采用变幅应力相对的应力幅疲劳极限。

8.0.6 基于疲劳累积损伤度和安全系数进行钢管或钢管混凝土连接疲劳强度验算时，应符合下列要求：

1 疲劳累积损伤度 D_d 应按式(8.0.6-1)计算。

$$D_d = \sum(n_i/N_i) \quad (8.0.6\text{-}1)$$

式中：n_i——应力幅频率分布中 $\Delta\sigma_i$ 的循环次数；

N_i——疲劳设计 S-N 曲线上，经过修正后 $\Delta\sigma_i$ 对应的疲劳寿命。

2 疲劳强度验算应满足式(8.0.6-2)的要求。

$$D_d \leq \frac{1}{(\gamma_b\gamma_w\gamma_i)^5} \quad (8.0.6\text{-}2)$$

9 构造与工艺

9.1 一般规定

9.1.1 钢管及钢管混凝土 K 形、T 形节点支管长细比应大于 1/10。

9.1.2 钢管及钢管混凝土对接接头与 K 形、T 形节点的距离应大于 1.0D。

9.1.3 K 形节点的主、支管轴线间夹角 θ 宜为 30°～60°；支管轴线交点与钢管主管轴线的偏心距 e_0 不宜大于 $D/4$；支管轴线交点与钢管混凝土主管轴线的偏心距 e_0 不宜大于 $D/2$。

9.1.4 K 形、T 形节点两支管轴线横向夹角 φ 宜为 60°～180°，该夹角的节点构造应符合图 9.1.4 的要求。

9.1.5 主管与支管应同时满足 $d/D \geqslant 0.4$、$t/T \leqslant 0.7$、$D/T \leqslant 50$ 的要求。

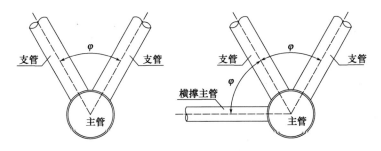

图 9.1.4 K形、T形节点支管横向夹角示意图

9.2 焊 接 工 艺

9.2.1 支管与主管间相贯焊接节点,不应采用加劲肋板或插入式节点板的连接形式。

9.2.2 相贯焊接的 K 形节点,相贯焊缝与纵、环焊缝不得相交,相贯焊缝间净距应不小于 80mm。

9.2.3 支管相贯线焊接接头跟部间隙应控制在 6mm 以内。
条文说明
当施工困难时,若焊接接头跟部间隙大于 6mm,则应进行工艺评定。

9.2.4 钢管及钢管混凝土 K 形、T 形节点和对接接头应采用全熔透焊接连接;焊缝外观成形质量应满足规范要求,受拉节点和接头的焊缝应进行人工修磨,修磨后的外观应光滑、顺适,修磨方向应与受力方向一致,不得留有修磨痕迹。

9.2.5 选择焊接方法和组装顺序时,应避免焊后出现裂纹、应力集中或焊接应力过大等缺陷。

9.2.6 焊接接头应符合以下规定:
  1 焊接接头不应采用间断、超间隙或塞焊的焊缝。
  2 不得选择十字交叉焊缝。
  3 应控制焊接缺陷、焊接应力、焊接变形、焊接收缩量,并提出相应的制造和焊接质量要求。

9.2.7 相贯连接节点,其相贯线坡口应采用相贯线切割机切割成型,支管全熔透焊缝坡口形式可按图 9.2.7 所示设置。

9.2.8 钢管及钢管混凝土对接接头应采用全熔透焊缝,管端坡口可采用图 9.2.8 的形式。

9.2.9 主管与支管相贯线焊缝的趾部区和过渡区应修磨圆顺,修磨深度宜为 0.0~0.3mm。修磨方位应符合图 9.2.9 的要求。

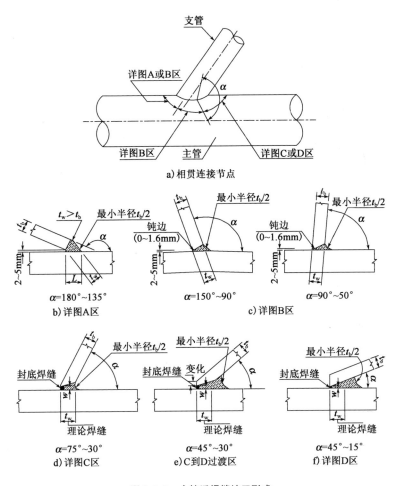

图 9.2.7 全熔透焊缝坡口形式

9.2.10 钢管及钢管混凝土 K 形、T 形节点相贯焊缝和对接接头焊缝修磨前,应满足下列要求:

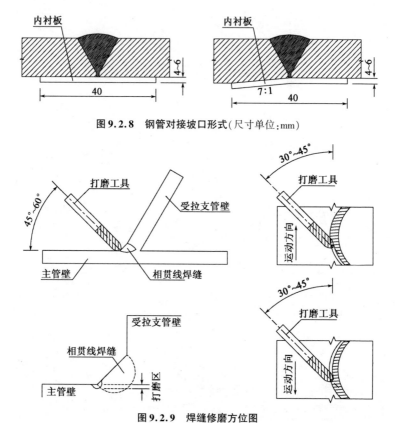

图9.2.8 钢管对接坡口形式(尺寸单位:mm)

图9.2.9 焊缝修磨方位图

1 相贯焊缝、主管对接焊缝外观成型质量应满足相关规范与设计要求。

2 采用超声波法、射线探伤、磁粉探伤、渗透等无损检测方法,检查节点相贯焊缝和对接接头焊缝质量。

9.2.11 钢管及钢管混凝土K形、T形节点相贯焊缝修磨应符合下列规定：

  1 钢管混凝土桁梁的受拉相贯焊接节点必须进行修磨。

  2 焊缝的修磨方法推荐采用各类球头型修磨工具打磨，修磨焊缝应圆顺过渡，且不能伤及母材。

  3 修磨部位为钢管 K 形、T 形节点相贯焊缝时，修磨区域应为相贯焊缝的趾部区到过渡区，其圆心角约为 270°。

  4 根据修磨部位和修磨形状，应制订修磨工艺，模拟焊缝形状和修磨区域形态加工制作 1:1 模型，进行修磨工艺试验和修磨工人培训，编制修磨工艺技术指导书。

  5 应建立钢管及钢管混凝土 K 形、T 形节点相贯焊缝修磨工艺首件验收制度。

9.2.12 采用锤击法改善相贯焊缝及对接焊缝的焊接质量时，应选择合理的锤击设备、锤击密度、锤击深度和锤击位置。不得对焊缝跟部、表面焊层和焊缝边缘母材进行锤击，锤击应防止焊缝金属和母材皱叠、开裂。为控制焊接过程中的收缩变形，应对中间焊层进行锤击。

9.3 焊 缝 检 查

9.3.1 钢管及钢管混凝土 K 形、T 形节点相贯焊缝，应首先进行

100%检查,判定焊缝外观质量,满足焊缝质量Ⅰ级要求。再采用无损检查方法进行100%探伤,焊缝外观及内在质量均应达到相应的验收等级后,再报送抽检单位复检。

9.3.2 钢管及钢管混凝土K形、T形节点相贯焊缝的抽检率不应低于30%;当抽检发现焊缝出现一次不合格时,应提高抽检率为50%;当再次发现焊缝一次不合格时,应对报检焊缝进行100%复检。

9.3.3 钢管及钢管混凝土连接节点或接头焊缝的焊接质量缺陷,同一部位返修一般不应超过两次。

9.3.4 K形、T形节点的相贯焊缝的趾部与过渡区、主管对接焊缝,当出现裂纹等缺陷焊缝需要返修时,应先报监理工程师批准同意后,按规定工艺进行返修;当返修部位再次出现缺陷时,该接头应做报废处理。

9.3.5 所有焊缝应进行100%自检和不低于30%的抽检,检查方法包括超声波法、射线探伤、磁粉探伤、渗透等无损检测方法。当出现焊接裂纹、未熔合、夹渣或气孔超标时,须进行返修,返修前应进行工艺评定,同一部位返修一般不应超过两次。

10 维护管理

10.0.1 根据桥梁结构的设计要求,当需要进行钢管及钢管混凝土焊接节点或接头定期检查时,桥梁结构管理单位应制订定期检查的相关方案。

10.0.2 根据疲劳验算或已有经验判断,对容易发生疲劳损伤的部位,应在桥梁使用期间根据定期检查计划进行检查。

10.0.3 根据疲劳强度验算、模型试验、基于断裂力学的疲劳裂纹扩展规律和有关经验,应制订已发生疲劳损伤桥梁焊接节点或接头的安全检查周期。

10.0.4 当桥梁通行荷载、频率或位置与设计采用的疲劳荷载、频率或位置相差较大时,应立即重新进行焊接节点和接头的疲劳强度验算,并根据验算结果重新制订桥梁安全检查周期。

10.0.5 当桥梁焊接节点或接头损伤可能影响桥梁安全时,应缩短桥梁安全检查周期,并建立日常巡查制度。

10.0.6 桥梁焊接节点或接头定期检查,宜采用目测法、超声波法、磁粉探伤、渗透等方法。

10.0.7 当钢管及钢管混凝土焊接节点或接头检查发现疲劳裂纹时,养护管理应满足:

1 对钢管及钢管混凝土焊接节点或接头出现的疲劳裂纹,应及时对疲劳损伤程度及其影响进行评价,并应迅速采取止裂措施。

2 已修磨的相贯线焊接节点,标准疲劳荷载车作用时,其达到破坏的剩余疲劳寿命一般不会超过200万次。未修磨的相贯线焊接节点剩余疲劳寿命与疲劳裂纹周边焊缝的外观成形质量密切相关,标准疲劳荷载车作用时,其达到破坏的剩余疲劳寿命一般不会超过50万次。

3 当发现疲劳裂纹长度小于5cm时,可采用直接修磨的方法清除疲劳裂纹;当疲劳裂纹长度大于5cm时,可在疲劳裂纹尖端设置直径不小于20mm的止裂孔,并对疲劳裂纹周边的焊缝应修磨顺适、圆滑。

4 钢管及钢管混凝土对接接头出现疲劳裂纹后的剩余疲劳寿命按照《公路钢结构桥梁设计规范》(JTG D64)进行评定。

条文说明

服役桥梁出现疲劳裂纹后、评估其剩余寿命有利于桥梁维护管理者有效地规划桥上交通组织和处置疲劳裂纹。

10.0.8 疲劳损伤评价主要项目应包括：裂纹发生位置对桥梁破坏的影响、裂纹的扩展方向和扩展速度、裂纹扩展长度极限等。

条文说明

疲劳裂纹长度极限指当疲劳裂纹穿透主管钢管壁厚，连接接头丧失承载能力时相应的裂纹长度。根据已有模型试验和工程经验，疲劳裂纹长度一般为10T时，认为裂纹已穿透壁厚。

10.0.9 根据疲劳裂纹发生原因和疲劳裂纹开展可能导致的后果进行分析，制订合理的修补方法。修补方法应能提高连接部位的疲劳强度或降低连接部位的应力幅，并应避免对焊接节点、接头及其他部位疲劳强度或应力造成不利影响。

10.0.10 钢管混凝土焊接节点或接头疲劳裂纹修补后，应对桥梁结构连接部位重新进行疲劳验算。

附录 A 疲劳荷载或疲劳标准车

A.0.1 钢管混凝土桥梁的疲劳荷载或疲劳标准车组合宜符合下列规定：

1 疲劳荷载模型Ⅰ采用等效的车道荷载，集中荷载为 $0.7P_k$，均布荷载为 $0.3q_k$。P_k 和 q_k 按《公路桥涵设计通用规范》（JTG D60）的相关规定取值；应考虑多车道的影响，多车道系数应按《公路桥涵设计通用规范》（JTG D60）的相关规定计算。

2 疲劳荷载模型Ⅱ指采用双车模型，两辆模型车的轴距与轴重相同，其单车的轴重与轴距布置见图 A-1。加载时，两模型车的中心距不得小于 40m。

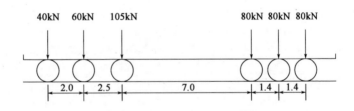

图 A-1 疲劳荷载模型Ⅱ（尺寸单位：m）

3 疲劳荷载模型Ⅲ指采用单车模型，模型车轴载及分布规定如图 A-2 所示。

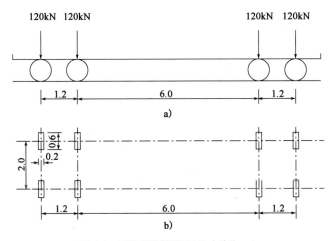

图 A-2 疲劳荷载模型Ⅲ(尺寸单位:m)

附录 B 钢管或钢管混凝土 K 形、T 形节点热点应力法强度验算

B.1 K 形、T 形节点的热点应力 S-N 曲线

B.1.1 钢管宜采用钢管结构 K、T 形节点的热点应力 S-N 曲线进行疲劳强度验算,钢管混凝土应先将钢管内混凝土等刚度换算为相同主管直径的等效壁厚钢管,再按钢管结构 K 形、T 形节点的热点应力 S-N 曲线进行疲劳强度验算。

条文说明

K 形、T 形钢管节点的热点应力 S-N 曲线,通过模型试验验证表明,借用欧洲钢管节点的热点应力 S-N 曲线是合理的。计算钢管混凝土 K 形、T 形节点疲劳强度时,应先将钢管内混凝土换算为等效钢管壁厚,然后再按钢管热点应力 S-N 曲线及相应的计算理论、方法进行疲劳强度验算。模型试验验证表明,这种计算方法的计算结果相似性极高,能够满足可靠度要求。

B.1.2 钢管节点热点应力 S-N 曲线宜按图 B.1.2 采用,S-N 曲线公式宜按式(B.1.2-1)或式(B.1.2-2)采用,其恒幅疲劳极限和临

界值宜按表 B.1.2 取值。

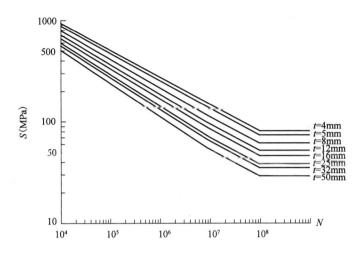

图 B.1.2 圆形钢管节点热点应力 S-N 曲线

表 B.1.2 钢管节点热点应力 S-N 曲线特征值

厚度 t(mm)	恒幅疲劳极限(MPa)	临界值(MPa)
4	147	81
5	134	74
8	111	61
12	95	52
16	84	46
25	71	39
32	64	35
50	53	29

当 $10^3 \leqslant N \leqslant 5 \times 10^6$ 时：

$$\lg S = \frac{1}{3}(12.476 - \lg N) + 0.06\lg N \lg\left(\frac{16}{t}\right) \quad (B.1.2-1)$$

当 $5 \times 10^6 \leqslant N \leqslant 10^8$ 时：

$$\lg S = \frac{1}{5}(16.327 - \lg N) + 0.402\lg N \lg\left(\frac{16}{t}\right) \quad (B.1.2-2)$$

B.2 T形节点应力集中系数

B.2.1 T形相贯线节点位置名称如图 B.2.1 所示。

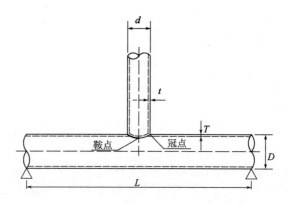

图 B.2.1 T形相贯线节点位置名称示意

B.2.2 T形节点主管中端固定参数宜按下列要求取值：

1 主管两端固定时，$C = 0.5$；

2 主管两端压住时, $C = 1.0$;

3 其他情况, $C = 0.7$。

B.2.3 T形钢管混凝土节点,宜将钢管内混凝土换算为等效钢管壁厚,等效钢管壁厚宜按式(B.2.3-1)计算。

$$T_e = \frac{D - \sqrt{D^2 - \dfrac{3.4 E_{sc} A_{sc}}{\pi E_s}}}{2}$$ (B.2.3-1)

式中:T_e——钢管混凝土换算后的等效壁厚;

D——钢管混凝土的钢管外直径;

E_s——钢材弹性模量;

E_{sc}——钢管混凝土截面组合弹性模量;

A_{sc}——钢管混凝土截面面积。

条文说明

采用热点应力法计算钢管混凝土T形节点疲劳强度时,应先将钢管内混凝土换算为等效钢管壁厚,然后再按钢管热点应力曲线及相应的计算理论、方法进行疲劳强度验算。式(B.2.3-2)中,系数0.85为钢管混凝土节点主管内混凝土收缩徐变、节点畸变等非线性修正系数。该计算方法通过试验数据验证表明,其符合性较好。

$$E_s A_e = 0.85 E_{sc} A_{sc}$$ (B.2.3-2)

$$A_e = \pi D T_e - \pi T_e^2 \quad (B.2.3\text{-}3)$$

由式(B.2.3-2)、式(B.2.3-3)推算得到钢管混凝土等效壁厚计算公式为:

$$T_e = \frac{D - \sqrt{D^2 - \dfrac{3.4 E_{sc} A_{sc}}{\pi E_s}}}{2} \quad (B.2.3\text{-}4)$$

B.2.4 T形节点应力集中系数计算公式的适用条件应满足$0.2 \leqslant \beta \leqslant 1.0$、$15 \leqslant 2\gamma \leqslant 64$、$0.2 \leqslant \tau \leqslant 1.0$ 和 $4 \leqslant \alpha \leqslant 40$ 的要求。

B.2.5 T形节点支管受拉时,应力集中系数计算公式应符合下列规定:

1 主管鞍点的应力集中系数按式(B.2.5-1)计算。

$$\text{SCF}_{ch\_saddle,ax} = F\gamma\tau^{1.1}[1.11 - 3(\beta - 0.52^2)] \quad (B.2.5\text{-}1)$$

式中:F——短主管修正系数,$\alpha \geqslant 12$ 时,$F=1$;$\alpha<12$ 时,按式(B.2.5-2)计算。

$$F = 1 - (1.43\beta - 0.97\beta^2 - 0.03)\gamma^{0.04}\exp(-0.71\gamma^{-1.38}\alpha^{2.5}) \quad (B.2.5\text{-}2)$$

2 主管冠点的应力集中系数按式(B.2.5-3)计算。

$$\text{SCF}_{ch\_crown,ax} = \gamma^{0.2}\tau[2.65 + 5(\beta - 0.65)^2] + \tau\beta(C_1\alpha - 3) \quad (B.2.5\text{-}3)$$

式中:C_1——取 $C/2$,C 按 B.2.2 条取值。

3 支管鞍点的应力集中系数按式(B.2.5-4)计算。

$$SCF_{b\_saddle,ax} = 1.3F + \gamma\tau^{0.52}\alpha^{0.1}[0.187 - 1.25 \cdot \beta^{1.1}(\beta - 0.96)]F$$

(B.2.5-4)

式中:F——取值同式(B.2.5-1)。

4 支管冠点的应力集中系数按式(B.2.5-5)计算。

$$SCF_{b\_crown,ax} = 3 + \gamma^{1.2}[0.12\exp(-4\beta) + 0.011\beta^2 - 0.045] + \beta\tau(C_2\alpha - 1.2)$$

(B.2.5-5)

式中:C_2——取 $C/5$,C 按 B.2.2 条取值。

B.3 K形节点应力集中系数

B.3.1 K形相贯线节点位置名称如图 B.3.1 所示。

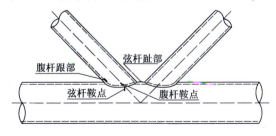

图 B.3.1 K形相贯线节点位置名称示意

条文说明

平衡荷载条件下,主管的热点位置处于主管趾部或主管鞍点,支管的热点位置处于支管跟部或支管鞍点。

B.3.2 对于 K 形钢管混凝土节点,宜将钢管内混凝土换算为等效钢管壁厚,等效钢管壁厚计算方法宜参照 T 形节点中公式(B.2.3-1)进行。

B.3.3 K 形节点应力集中系数计算公式的适用条件应满足 $e=0$、$0.3 \leq \beta \leq 0.6$、$24 \leq 2\gamma \leq 60$、$0.25 \leq \tau \leq 1.0$ 和 $30° \leq \theta \leq 60°$ 的要求。

B.3.4 K 形节点上的平衡荷载应按图 B.3.4 进行分解。

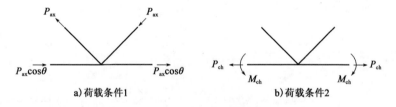

a)荷载条件1　　　　　　　b)荷载条件2

图 B.3.4　K 形节点荷载分解图

B.3.5 K 形节点应力集中系数计算公式宜符合下列规定:

1 荷载条件1作用下,主管位置的应力集中系数按式(B.3.5-1)计算。

$$SCF_{ch,ax} = (\gamma/12)^{0.4}(\tau/0.5)^{1.1}SCF_{o,ch,ax} \quad (B.3.5-1)$$

式中：$SCF_{o,ch,ax}$——按图 B.3.5-1 取值。

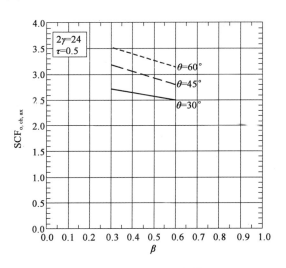

图 B.3.5-1 $SCF_{o,ch,ax}$ 取值

2 荷载条件 1 作用下，支管位置的应力集中系数宜按式（B.3.5-2）计算。当 $\theta = 30°$、$45°$ 和 $60°$ 时，$SCF_{b,ax}$ 的最小值分别取为 2.64、2.30 和 2.12。

$$SCF_{b,ax} = (\gamma/12)^{0.5}(\tau/0.5)^{0.5}SCF_{o,b,ax} \quad (B.3.5-2)$$

式中：$SCF_{o,b,ax}$——按图 B.3.5-2 取值。

3 荷载条件 2 作用下，主管位置的应力集中系数按式（B.3.5-3）计算。

$$SCF_{ch,ch} = 1.2\left[\frac{\tau}{0.5}\right]^{0.3}(\sin\theta)^{-0.9} \quad (B.3.5-3)$$

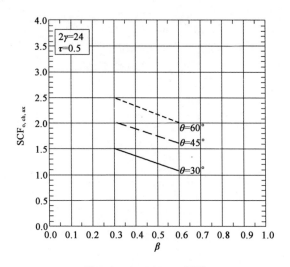

图 B.3.5-2 $SCF_{o,b,ax}$ 取值

4 荷载条件2作用下,支管位置的应力集中系数按式(B.3.5-4)计算。

$$SCF_{b,ch} = 0 \qquad (B.3.5\text{-}4)$$

本规程用词用语说明

1 为便于在执行本标准条文时区别对待,对要求严格程度不同的用词说明如下:

1) 表示很严格,非这样做不可的用词:

正面词采用"必须";反面词采用"严禁"。

2) 表示严格,在正常情况下均应这样做的用词:

正面词采用"应";反面词采用"不应"或"不得"。

3) 表示允许稍有选择,在条件允许时首先这样做的用词:

正面词采用"宜";反面词采用"不宜"。

4) 表示有选择,在一定条件下可以这样做的,采用"可"。

2 条文中指定按其他有关标准执行的写法为"应按……执行"或"应符合……的规定"。